Os Invejosos

ELIZABETHE BISCARRA

Os Invejosos

PandorgA
NACIONAL

Produção Editorial
Silvia Vasconcelos

Preparação de texto
Monique D'Orazio

Diagramação
Vanúcia Santos (AS Edições)

Capa
Genildo Santana

Revisão
Barbara Cabral Parente

Texto de acordo com as normas do Novo Acordo Ortográfico da Língua Portuguesa
(Decreto Legislativo nº 54, de 1995)

Dados Internacionais de Catalogação na Publicação (CIP)
(Câmara Brasileira do Livro, SP, Brasil)

Biscarra, Elizabethe
Os invejosos / Elizabethe Biscarra. -- Carapicuiba, SP : Pandorga Editora e Produtora,2015.

1. Autoajuda 2. Pensamentos 3. Reflexão.

14-11767 CDD-869.9802

Índices para catálogo sistemático:
1. Pensamentos : Literatura brasileira 869.9802

2015
IMPRESSO NO BRASIL
PRINTED IN BRAZIL
DIREITOS CEDIDOS PARA ESTA EDIÇÃO À
EDITORA PANDORGA
AVENIDA SÃO CAMILO, 899
CEP: 06709-150 – GRANJA VIANA – COTIA – SP
TEL: (11) 4612-6404

WWW.EDITORAPANDORGA.COM.BR

Não consigo ver

as pessoas próximas a mim,
terem sucesso,
porque, no fundo,
"eu"
gostaria de estar no lugar delas.

Ao vê-las felizes,
sinto-me inferior, incapaz, insegura.

Por que não eu? Por que elas?
O que fiz para não merecer?

J.R.L.

Quando vi

meu irmão
chegando em casa
de carro novo,
eu fiquei doente,
a ponto de procurar um pronto-socorro.

E.G.C.

Minha melhor amiga

mudou,
arrumou um novo trabalho.
Ela está bem mais bonita,
fala com tanta alegria sobre seu sucesso...
Eu não consigo me controlar.

Sei
que é feio sentir inveja,
mas a inveja
é mais forte que eu.
Vê-la feliz é horrível para mim.
Tenho vontade de bater,
de espancar o mundo inteiro!

L.P.G.

Meu vizinho

tem tudo
o que "eu" gostaria de ter:
uma bela casa, carro novo na garagem...
E ainda,
para os olhos de todos,
ele é um boa-praça!

Eu não sei o porquê,
mas quero vê-lo perder tudo!
Quero que se ferre!

F.P.N.

Quando minha colega

vende mais que eu,
sinto muito ódio!

Não gosto
quando ela sorri!
Não gosto
de vê-la falar,
só a observo com nojo!
Mentalizo
que ela deixe de vender
e que se dê muito mal.
Eu a odeio!!!

M.L.S.

Eu assumo:

Sinto tanta inveja
de uma colega da faculdade!
Quando ela entra na sala de aula,
eu fico mal.

Quando está falando,
não consigo olhar para ela.
O porquê, não sei...
Ela nunca me fez nada,
mas seu jeito e sua beleza,
me incomodam.

B.V.S.

A inveja

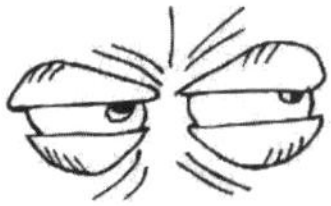

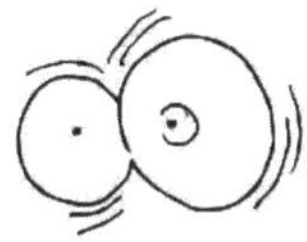

que sentia das pessoas,
hoje sei,
somente fazia mal a mim mesma!
Eu era insegura,
e por esse motivo
cobiçava o alheio!

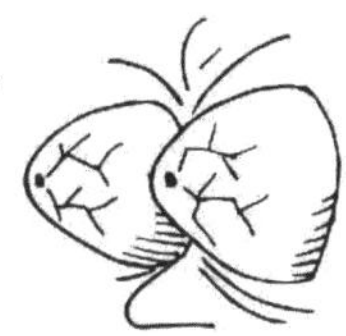

Não dedicava
e nem dava a devida atenção
ao meu próprio ser,
sem acreditar
que eu era capaz de conquistar o que desejava!
Deixava, assim,
a inveja me dominar.

Mas agora sei:
A única prejudicada de tudo isso
era ***unicamente eu!!!***

R.R.M.

Quando percebi minhas próprias qualidades, reconhecendo "meu" poder,

que tenho muito a oferecer,
minha autoconfiança foi lá para cima!

Hoje,
sou uma pessoa dona de mim, segura, confiante!
Nem acredito
que um dia fui uma pessoa amargurada,
que desejava o que era dos outros!

Uuuui! Longe de mim, inveja!
Xô! Xô! Xô!

(DEPOIMENTO DE AUTORA DESCONHECIDA)

A inveja

atrasou minha vida,
deixou buracos imensos.
Perdi anos cobiçando o que não me pertencia,
o que era do meu próximo,
falando mal dos meus semelhantes.
Com tudo isso, eu destruí minhas próprias qualidades
e deixei de me desenvolver como ser humano.

Tudo isso
causou danos irreversíveis a mim mesma
e ao meio do meu convívio...

Mas,
depois de me reprogramar no positivo,
conheci melhor a mim mesma, e tudo brilhou em minha vida.

Hoje, tenho minha própria luz e só desejo
a todos que suas estrelas sejam brilhantes e duradouras.

O mundo agora me ama,
porque eu o amei primeiro!

(ALQUIMIA DESSA AUTORA
DESCONHECIDA)

A inveja

é um sentimento perigoso,

destrutivo,

para o desenvolvimento pessoal, tanto

para aquele que a sente quanto para aquele que é alvo dela.

É uma energia de ação poderosíssima,

que pode desequilibrar

as ondas energéticas ao nosso redor

e que utilizamos para realizar coisas, para

concretizar sonhos.

Os nossos antepassados tinham razão quando diziam:

"Antes do negócio concretizado,

não comente com ninguém."

É assim:

O olho alheio, invejoso,
pode sim sugar nossos momentos positivos,
destruindo nossos sonhos.
Mas esse raio de ação destrutiva é de dimensão muito maior
quando retorna ao olho que inveja.
Por esse motivo,
é muito mais perigoso invejar do que ser invejado.
É mais do que justo e verdadeiro:
O invejoso acaba sempre cavando sua própria sentença de morte.

E digo mais:
Na verdade, ele precisa de tratamento, de amor!
Geralmente, ele é um ser carente, que muitas vezes foi desprezado, humilhado em sua infância, ou até mesmo na vida adulta, momento em que ninguém lhe deu devidos créditos para ser uma pessoa vencedora, especial.
Quase sempre são pessoas sofridas,
que por muito tempo observaram o sucesso alheio,
sem procurar desenvolver suas próprias aptidões.

E, sem medos e receios,

digo ainda mais:
Na maioria das vezes,
os invejosos são pessoas que se deixam dominar por hábitos confusos, inadequados para a transformação positiva, como a preguiça, a falta de estímulo e o "deixa pra lá".
Não programam seu dia com hábitos positivos como exercitar--se, mentalizar o bem para o universo, procurar algo produtivo para realizar.
Todos os hábitos positivos
são processos verdadeiros e realizadores de bem-estar.
Bons costumes são importantíssimos para uma vida cheia de luz e felicidade.

É por essa razão que digo:
O invejoso, geralmente
carregando um mau humor,
constrói uma prisão escura
para enterrar sua vida,
sem deixar que ela cresça
num lugar livre, criativo,
com luz e energia suficientes
para atingir o sucesso e viver
harmoniosamente com o
mundo lindo ao seu redor.

Os invejosos

acreditam
que para ter sucesso é preciso destruir.
Destruir a imagem do seu próximo,
devastando com uma imaginação fértil de perseguição a todos
que pareçam ser seus inimigos (os invejados).
Geralmente estão enlouquecidos por sua mente enganadora
e dominados por eventos errôneos.
Os invejosos não suportam
elogiar as pessoas ao seu redor.
Segundo sua visão adoentada, todos precisam ser
desprezados, subjugados, humilhados, para que "eles" – os
invejosos, se deem bem, sintam-se bem.
No seu momento superficial de loucura, não percebem, por
consequência, que ninguém precisa ser desprezado.
Afinal, o sol nasce para todos, para que todos possam
perceber a luz de suas qualidades.
Quando transmitimos momentos escuros, o único
evento que iremos receber são mais e mais momentos escuros.

Essa é a Lei que tudo rege!

Os invejosos

rompem, assim,
com os bons momentos que o universo tem a lhes oferecer.
Não percebem,
mergulhados no seu poço de lodo,
que perdem a ligação
com as maravilhas da vida absoluta e real.
Por isso ficam a ranzinzar
sobre tudo o que acontece de eventos negativos;
eventos que nada mais são do que oriundos dos processos que
eles mesmos plantam, tudo com seus próprios movimentos,
tudo previsível de suas ações pesadas,
nas quais, só em suas visões,
é preciso colocar pedras no caminho alheio
para alcançar a própria felicidade.

O invejoso

esquece de olhar para si mesmo,
para a plenitude de sua própria alma,
perdendo sua identidade espiritual.
Não sabe o mal que lhe faz,
além de perder tempo com os processos alheios,
em vez de aproveitar esse tempo consigo mesmo,
evoluindo, construindo um bem maior.

"A inveja
é uma energia gasta imprudentemente,
jogada fora,
que traz severo dano ao próprio invejoso.
Todo invejoso deveria saber disso!"

O invejoso

não tem tempo de construir sua própria felicidade,
e isso é um tanto lógico,
justamente porque ele fica perdendo tempo
tentando destruir a felicidade dos outros!
É preciso perceber
quando estamos utilizando energias escuras,
frias e destrutivas como a inveja,
porque, quando invejamos,
micropartículas negativas espalham-se pelo nosso corpo,
modificando nossa energia total e tornando-nos, assim,
não compartilhadores do projeto de construção universal.
Ou seja, no instante em que estamos invejando,
tornamo-nos invisíveis
às concretizações, formadoras e realizadoras de sonhos.

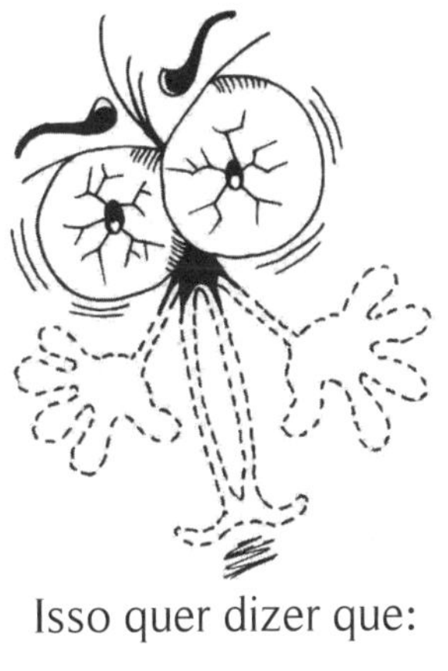

Isso quer dizer que:
Naquele momento, não somos captados
para participar das infinitas possibilidades que são geradas
por meio da maravilhosa e da mais justa Lei Universal.

Nesse momento,

o momento

que gera

o movimento de invejar,

é

como se ***nós mesmos nos implodíssemos,***

ou fôssemos consumidos

pelos letais

raios gama,

vindos

do nosso próprio centro.

Não é brincadeira!
É muito sério!

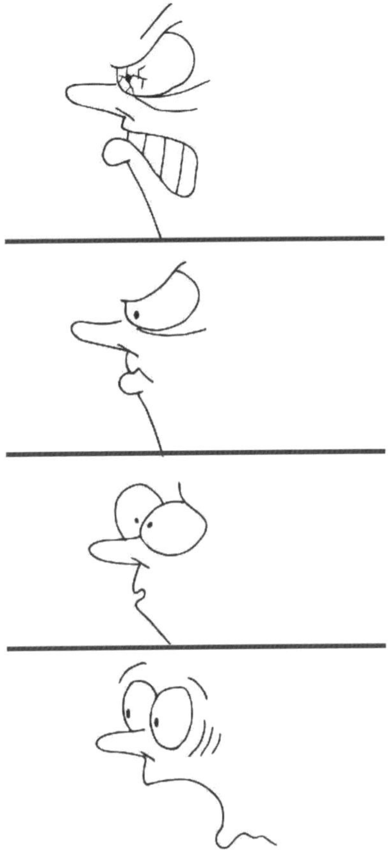

O ato ou ação de invejar
é um movimento muito perigoso,
que sempre,
sempre gera
uma reação de grande atraso
na vida do invejoso.

O efeito

é tão devastador,
que permanece
por várias ações presentes e futuras,
como um incansável
"efeito borboleta"
ou
"efeito dominó".

Vai afetando
e contagiando
todas as ações futuras.

É preciso refletir!

É preciso parar,
agora,
de invejar.

Reprograme-se,
praticando o descanso cármico,
e desfrute o que é
permanecer visível às Leis que tudo rege!

Temos que refletir,

procurar um novo sentido,
nos autoanalisar.

Marcar
aquela horinha básica com nosso psicólogo,
ou pessoa que confiamos,
e pedir conselhos, ajuda.

Não permita

que a inveja vire rotina em sua vida,
porque é nessa rotina traiçoeira e repetitiva
que se esconde o perigo.

Sorrateiramente,
antes de você mesmo saber,
essa rotina sabe
do poder que existe em nossos pensamentos.

Essas mesmas energias
repetitivas, compulsivas,
podem fragmentar eventos construtivos
extremamente necessários
para a contemplação natural de uma vida saudável,
repleta de bem-estar.

A inveja

é perigosa, traiçoeira,

corrompe

nossos níveis de consciência saudável,

positiva.

Quando

nos damos conta,

estamos com lama até o pescoço,

quase sem poder respirar!

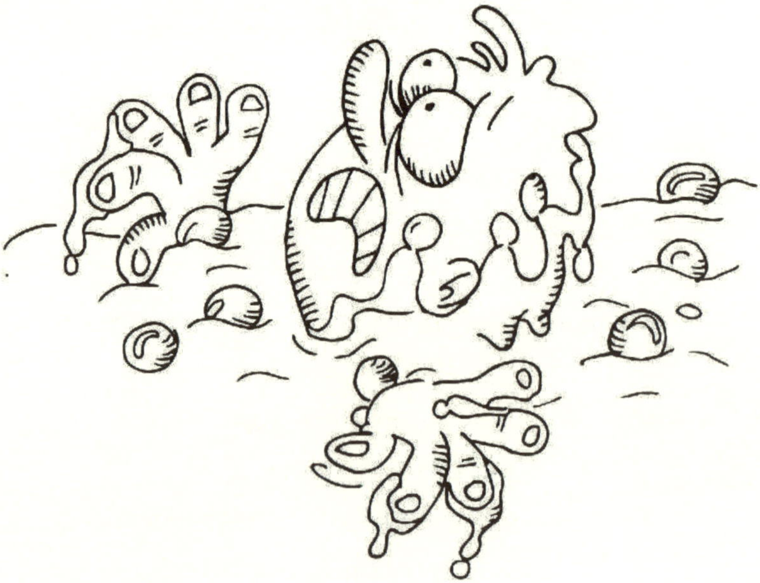

A inveja

deixa nosso olhar obscuro,
levando à cegueira total!

É assim
que vamos acumulando
níveis de endividamento
com as forças negativas do Universo!

E quando

a conta é apresentada,
cobrada,
com juros e correções,
o processo pode ser irreversível, ela se torna impossível de ser paga!

É preciso
um profissional especializado,
uma tomada radical de atitudes,
para poder respirar novamente,
procurando
lugares com águas cristalinas
para limpar a lama
e o rastro de destruição
que a famosa e inescrupulosa inveja deixou.

Na verdade,

na real,

os processos energéticos

que transmitimos ao nosso redor

são

os ingredientes

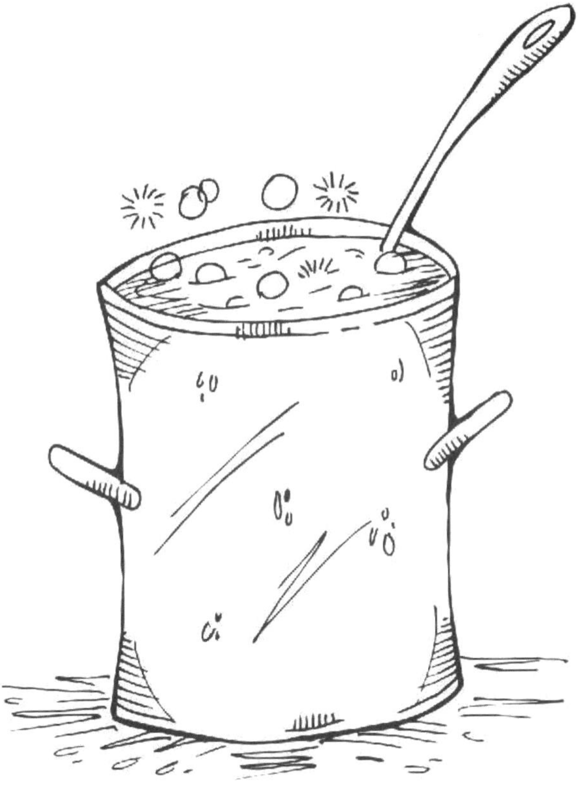

que irão moldar nossas vidas!

Eu já vi

pessoas
com uma escuridão
tão grande nos olhos...!

E
essa escuridão
as tornou,
mais tarde,
em
quase mortos-vivos.

Se

somente
temos a intenção
de receber
e nada compartilhar,
é meio que evidente – e nem é preciso pensar muito –
que
o que recebermos

não será
algo muito produtivo
ou realizador.

É real,

e mais do que certo:
A inveja MATA!

Olhe
com olhos de luz,
e terá luz.

Olhe
com olhos de escuridão,
e terá, evidentemente,
escuridão.

A inveja

leva à depressão.

A inveja

leva à ansiedade

A inveja

leva ao fundo do poço!

A inveja

pode destruir você!

Se

quando você vê uma pessoa feliz,
quando vê alguém próximo de você
comprar tudo o que você gostaria de ter
e conscientemente chora, fica triste,
e você continua invejando,
tudo isso lhe faz muito mal.

Então mude,
transforme-se,
pois ***você tem o poder em suas mãos.***
É só controlar seus pensamentos!
Você é um ser humano especial,
dotado de inteligência, conhecimento,
e pode ter e ser o que desejar, o que realmente quiser!
A inveja
é um cartão de visita
para você conhecer o inferno em plena Terra!

Sim, é, sim!

O tempo

que
o invejoso leva
condensando energias consideráveis
de lixeira,
é também o mesmo tempo
que ele poderia estar emanando boas novas,
energias elevadas,
que só lhe trariam felicidade, luz.

E tudo aquilo que ele inveja
do seu próximo.
também ele
estaria realizando em sua própria vida.
Não esqueça:

O sol nasceu para todos!

Levando em consideração

que a inveja
é
"um tiro no pé"
do próprio invejoso,
o invejoso, então,
é uma vítima
de suas próprias construções
pensativas e desejáveis,
dos seus processos energéticos.

Um invejoso

desequilibra
todo um ambiente,
deixando
um rastro
de ***negatividade*** assustadora!

J.D.N.

O invejoso

faz
as pessoas em sua volta
se sentirem
desconfortáveis.

L.M.L

Estar perto

de uma pessoa
invejosa
traz arrepios!

Parece
que ***o dia***
fica sombrio.

R.P.M.

A inveja

só traz
infelicidade.

Ela corrompe,
perturba,
faz sofrer.

M.L.F.

É preciso desarmar o invejoso

Quando sinto a pessoa invejosa,
de maus fluidos,
não posso escapar
e tenho que conviver,
eu tento desarmá-la com atos de amor,
elogiando-a, exaltando suas qualidades,
sendo amável com ela.

Pouco a pouco,
vejo que esse amor
vai deixando-a com uma face mais doce,
e, por fim, faz ela se esquecer de invejar.
Isso é perceptível.
O poder do Amor é mágico.
É uma fonte purificadora de fluidos escuros.
Tente.

As pessoas

mais sensíveis conseguem,
com certeza,
sentir e perceber nitidamente
um invejoso.
Ainda mais
quando ele está jogando seus atos invejosos.
É nesse momento
que devemos desarmá-lo
com ações repletas de boas intenções e amor.

Com isso,
estamos ***purificando o ambiente***
da ação do invejoso
e evitando que ele próprio se machuque.

Caçadores de invejosos

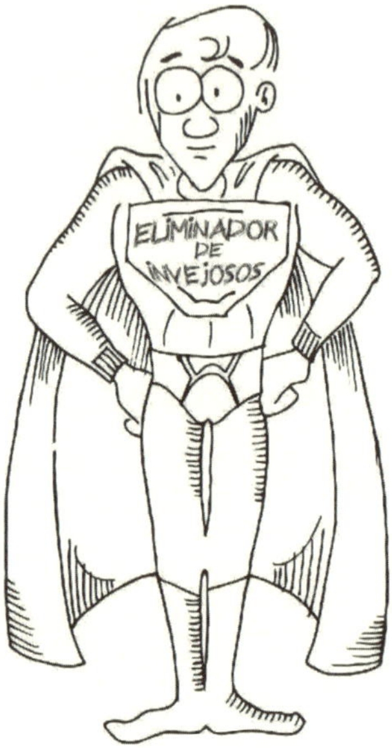

Existem pessoas
extremamente positivas
que neutralizam as ações dos invejosos,
realizando um bem para o invejoso e o invejado.
Ou seja, são pessoas
com nível de percepção extrassensorial muito desenvolvido,
que atraem os invejosos para si
e os despertam para ***novos hábitos***, bem mais saudáveis.
Conseguem, assim,
reduzir efetivamente
as taxas energéticas negativas
nas pessoas invejosas.

Existem pessoas

com nível energético
tão positivo
que constroem ao seu redor
camadas protetoras invisíveis...

Essas camadas
inibem
qualquer energia invejosa.

São pessoas imunes a invejosos.

Eventos energéticos

atuam em nossas vidas
o tempo todo.
Conscientemente ou inconscientemente.

Ou seja,
quer a gente saiba
ou não.
Às vezes,
somos chamados a certos lugares
e nem entendemos
por que estamos ali.
Pensamos que estamos no controle.
É que, na verdade,
nossa presença se faz necessária
para que nossas energias
ajam como equilibradoras
dos níveis energéticos universais.

Quando

falamos de inveja,
logo a relacionamos
com o termo ***Olho Gordo***.

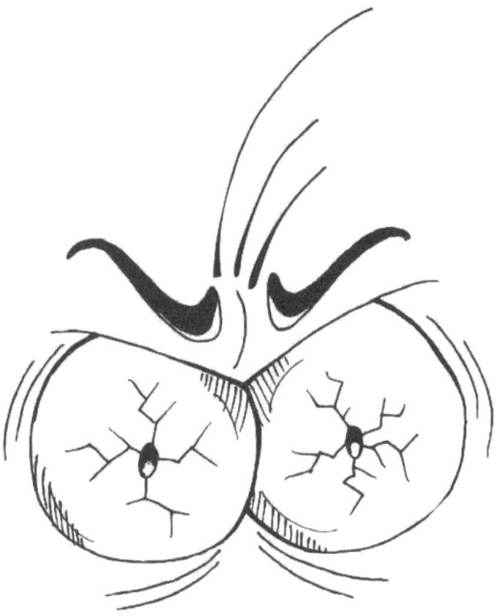

Esse
é um termo popular,
que vulgarmente se aplica
para que todos possam entender o assunto em questão.
Mas olho gordo é real, sim.
Existe.
É
uma energia condensada,
direcionada para ações desconfortáveis
e que levam à queda da boa energia do invejado,
ou seja, da sua ***energia positiva***.

Porém,

temos pessoas muito especiais,
desprendidas,
humanamente altruístas,
que são designadas ***protetoras,***
verdadeiras Cinderelas
dos Portões Energéticos do bem.

Anjos existem

Tanto existem,
que nos protegem,
zelando
pela nossa sobrevivência,
equilibrando
nossas ***Forças Energéticas.***

Uma amiga

contou-me
sobre um homem invejoso.
Isso foi real!
Ele
até está preso
por inveja.

Assassinou seu próprio sócio,
somente por inveja.

J.K.W.

Quando

eu e minha prima tínhamos uns 14 anos,
aconteceu algo de que até hoje tenho remorso.
Eu achava os cabelos da prima lindos – longos e cacheados.
Certo dia, no aniversário do meu irmão,
ela chegou com os cabelos soltos, quase até a cintura.
Eu morri de inveja! Fiquei ali olhando para ela.
Meus cabelos eram lisos e curtos.
No meio da festa, chegou o menino de quem eu gostava,
e ele e a prima começaram a conversar.
Depois foram à sacada e se sentaram,
foi quando vi os dois se beijarem.
Fiquei furiosa e fiz uma loucura:
peguei uma tesoura, puxei os cabelos da minha prima
e os cortei.

Ela e o menino entraram em pânico,
eu corri e me tranquei no banheiro!
Resumindo:
Estraguei a festa do meu irmão
e ***perdi a amizade e a confiança*** da minha prima.
Atualmente tenho 31 anos, não entendo até hoje por que
fiz aquilo. Não tenho inveja de ninguém e amo minha prima.
Acredito que aquilo foi um acesso de inveja momentâneo.
Que loucura, eu poderia ter machucado, ferido alguém
de verdade!

L.M. DE ARAÚJO

O invejoso

deve ser tratado
com amor
e percebido
como um ser especial,
que precisa de atenção.

A inveja

é
um "bate e rebate",
no qual a última bola
sempre acaba atingindo
o próprio invejoso.

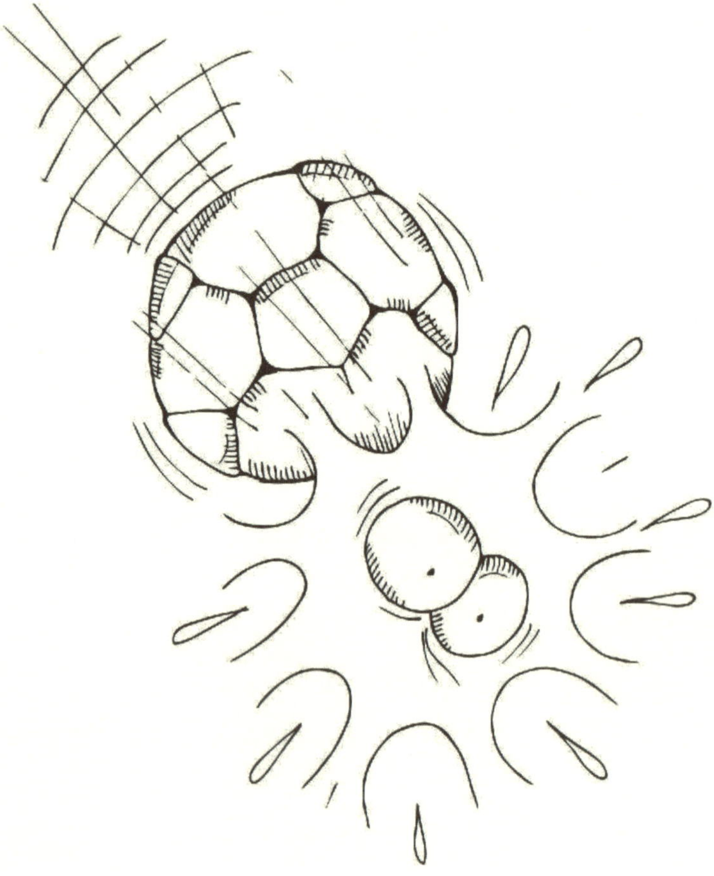

O invejoso desperta

quando ele compreende
que o mundo
não é seu adversário,
e sim,
seu campo positivo de ação.

E então,
automaticamente,
os portões do sucesso
se abrem para ele.

Quando percebo

que estou sentindo aquela invejinha,
que começa devagar,
como quem não quer nada, paro logo:
É o sinal de alerta!
Então, fecho os olhos,
envolvo minha mente em cores alegres,
abro os olhos novamente
e sorrio para o ser
que eu estava começando a invejar.
É como um toque de mágica.

Sinto-me bem,
a inveja se autodissolve.
A pessoa que seria invejada
e eu
temos um dia cheio de luz,
em vez de um dia sombrio.

Sempre

que sinto
um ar sombrio,
tentando invejar,
ou sentindo que estou sendo invejada,
mentalizo cores, principalmente
azul, lilás, rosa.

São transmutadores energéticos,
e em todas as vezes dá certo!
Tente!

As cores
são vibrações energéticas,
componentes da luz.

Não deixe

a monotonia
perceber você,
nem a preguiça te achar.

Brinque como criança:
de esconde-esconde.

Pratique bons hábitos,
observe as flores,
olhe a beleza do céu!

A preguiça

em excesso
é a porta do ***tempo perdido.***
Quando voltamos
desse tempo
que nunca foi,
observamos em nossa volta que tudo mudou.
E nossos amigos se foram
para outros lugares.
Nunca ficaram ali sentados, vivendo como nós.
Vivemos o tempo do nada,
sem ter uma história para contar.
E por consequência
da preguiça dominadora,
somos arrebatados

por aquela velha e assombrosa inveja,
a famosa energia escura
que estava em nós embutida.

Não deixe

a preguiça te pegar,
nem a inveja te alcançar.

Salve-se!
Vá, lute, brinque.
Seja uma criança peralta.

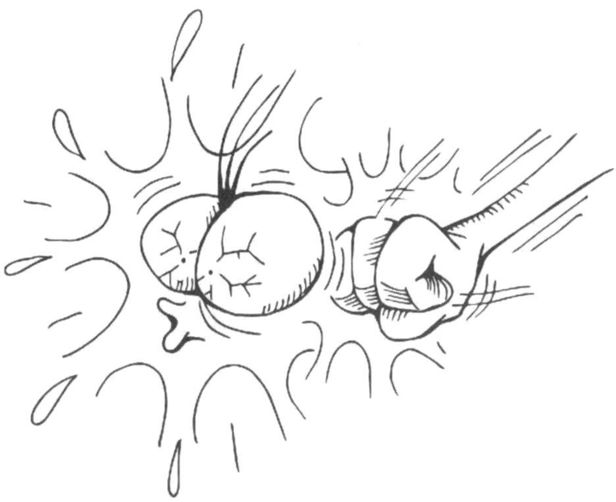

Venha
para o lado de cá,
ou mexa-se para o lado de lá.

Não deixe
a preguiça,
e muito menos a inveja,
te encontrar.

Oba!

Tua vida mudou!

A INVEJA

te abandonou!

Agora,

o sucesso

e o bem viver

te encontraram!

A inveja

nos torna mal-humorados.

A inveja afasta de nós
pessoas boas e sensíveis.

A inveja
atrasa nossas vidas,
deixa-nos caracterizados, rotulados como
pessoas carregadas, sombrias e egoístas.

A inveja
serve unicamente
para destruir nossas vidas.

A inveja,
se não tratada,
realmente tem esse poder.

A inveja

escurece nossas faces,
absorve
o brilho da nossa vida
e o vigor dos nossos olhos.

A inveja
transforma pessoas boas
em pessoas más e desagradáveis.

A inveja
carrega
para bem longe
a verdadeira beleza de nossas vidas.

A escolha

é sempre nossa.

Se sentiu inveja,
não permita que ela permaneça.

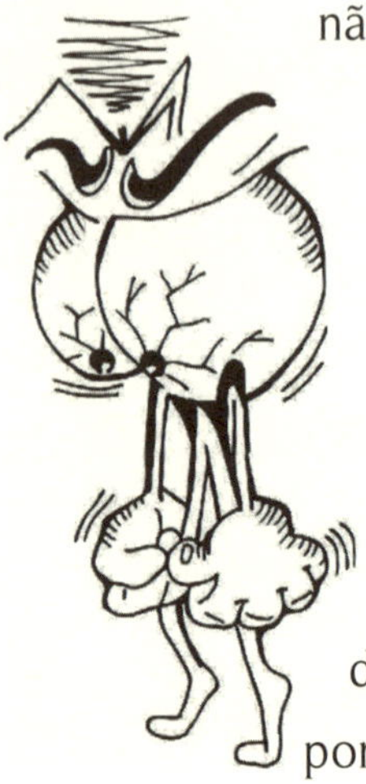

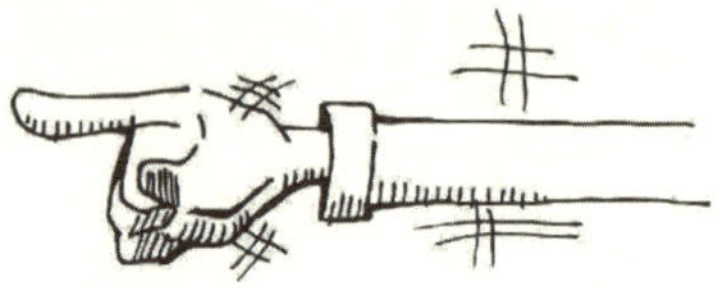

Mande ela embora,
antes que ela arrume a cama,
durma com você, tome café e almoce também,
porque, se der oportunidade a ela,
você não terá mais chance de vencê-la.
A inveja,
esse sentimento mesquinho,
irá apoderar-se de sua mente.
Simplesmente não a receba,
diga que na sua vida ela não tem lugar.
Eu repito:
Não a deixe te visitar,
porque depois ela nunca mais vai te largar.

A inveja,

o famoso olho gordo,
vai te corromper,
enfraquecer teus neurônios,
afastar você dos teus amados,
te tornar a fofoqueira,
desiludida e mal-intencionada.

Plantará em tua vida
todo o tipo de erva daninha,
conduzindo teus passos a ininterruptas frustrações.

Não dê atenção a ela,
muito menos permita que ela pense por você,
tomando, assim, conta da sua mente,
como um poderoso vírus,
destruindo todas as tuas lembranças.
É bem assim,
as boas ações
que você programava futuramente praticar,
não se realizam mais,
tornando pó o teu sentir, o teu pensar,
acabando com tua maior motivação de vida:
A Esperança.

Minha face

agora brilha,
meu pensar é sereno;
ao dormir,

meu espírito tem paz,
acordo feliz, revigorada.

Durante o dia,
tenho prazer
em ser eu mesma,
desejando o bem-querer,
cultivando sorrisos,
levando amor por onde passo.

Ah!

Como a vida é leve!
Despertei!
Como sou felizzz!!!

Obrigada, DEUS!

Universo, eu te amo!

Agradeço
pela oportunidade que me deu,
de estar aqui e agora,
misturando-me
com meus irmãos planetários.

E pensar
que um dia sentia inveja de alguns,
e até mesmo desejei o mal.
Perdão a todos que um dia fiz sofrer.

Desejo
a todos
felicidade em dobro,
e agora
só quero viver,
deixar passar...
deixar fluir...

Todos,

no Universo,
têm o seu lugar.

Não é preciso
machucar ninguém,
para encontrar
o nosso ***BEM VIVER.***

O invejoso

só pode
invejar
por ignorância.

Será
que ele não sabe
que o maior prejudicado
é ele próprio?

O sentimento

movido pela inveja
é perigoso.

É preciso
reconhecê-lo e combatê-lo
imediatamente após percebido,
porque,
se deixá-lo seguir,
poderá trazer eventos catastróficos
para as vidas
daqueles que estão em seu raio de ação.

Não é exagero,
é REAL.

Movidos

pelos sentimentos de inveja,
grandes generais
perderam guerras.

A inveja
não permite
pensar com clareza.

Ela escurece
nossa visão
e nos torna
presas fáceis da destruição.

Neutralize o invejoso.

Sorria para ele,

desejando
tudo de bom em sua vida.

Mas
com ***sinceridade.***

A ingenuidade

não permite
enxergar
o invejoso.

O invejoso

nada mais é
que um ser humano
que escolheu
escravizar a si mesmo,

ao invés
de optar
pela liberdade
que a vida lhe oferece.

A insegurança

leva

à inveja?

A falta

de ***autoestima***

é

um dos fatores

que leva à inveja?

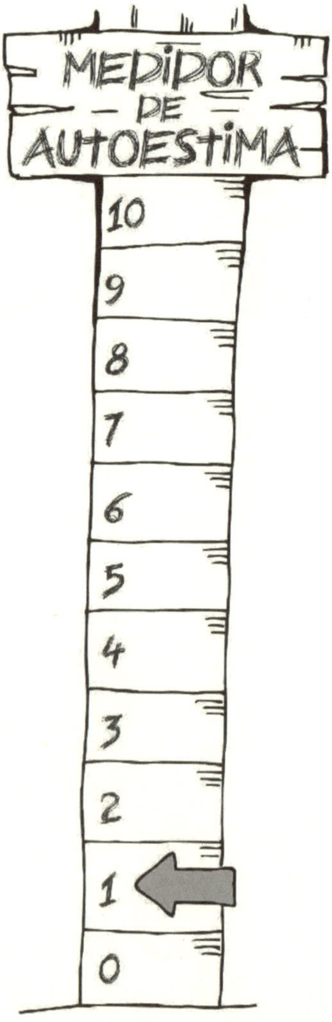

Quem

não *acredita*
em ***si mesmo***,
pode desenvolver
sentimentos invejosos?

Por que

as
pessoas ***confiantes***,
determinadas,
são
mais difíceis
de sentir inveja?

Conhecer-nos,

pesquisar
sobre nós mesmos,
refletir
em nosso próprio ser,
liberta-nos,
com certeza,
desse sentimento tão negativo:
A inveja.

Pode acreditar:
Liberta-nos
não somente da inveja em si,
mas de muitas energias escuras,
frias e frustrantes.

Quem se conhece,

reconhece
seu lugar no universo,

reconhece
sua importância
no ciclo da vida,
sua missão de viver
e deixar viver,
e torna-se imune
a sentimentos escuros e destrutivos.

Mentalize:

Sou
um ser humano,
faço parte de um maravilhoso sistema
organizado, majestoso.
Assim sendo,
já nasci importante, valioso,
amo e deixo amar!
Não preciso ser igual a ninguém,
e nem ter
o que os outros têm.
Prefiro ser como eu sou:
determinado,
escolhendo
o que acredito ser melhor para mim.

Invejosos,

o único caminho
para o sucesso
e o bem-estar
é praticar o bem.

Não existe outra fórmula.

De outra maneira,
poderá conquistar
êxito momentâneo,
mas nada
além de instantes superficiais.

Nossos olhos

são
as janelas da nossa alma.

Não deixe
os demais pensarem
que tua alma é feia.

Mostre-se a outrem
gentil e bom observador,
com olhos positivos e vibrantes,
com felicidade.

Quando

descobri
que tudo existe
além
do aparente existir,
libertei-me
de sentimentos
fúteis e viciosos,
que no fundo
nunca me levaram a nada.

Pelo contrário,
só fizeram eu perder
o meu tempo, que é precioso.

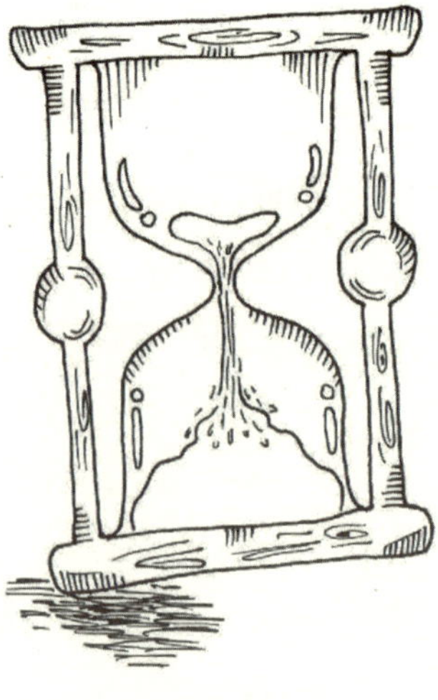

Somos

seres especiais,
capazes de feitos maravilhosos.

Por quê,
então,
sentir desgosto
ou querer cobiçar,
desejando possuir o que é dos outros?

Há tanto a fazer!

Nossas capacidades
são infinitas,
nossas criatividades
são imensamente grandiosas.

Vamos deixar

o sentimento de inveja
de lado.
E sim,
vamos sentir amor,
satisfação,
pelas realizações de todos,
porque
tudo se renova,
tudo passa:
a matéria, o tempo, as situações...
Mas
o bom sentir,
a energia espiritual,
as nossas almas
são eternas!
Vamos nos dispor
a melhor compreender
toda essa complexidade e sermos felizes.
Isso é o que realmente importa.

Que bela

é sua face,
que encontra outra face, agora não mais minha.
Mas sou feliz, porque você é feliz;
sem mim agora, nos braços de quem te ama,
e que você também ama, eu sei,
pois, tantas coisas faz a ele,
que jamais fez a mim.
Penso sempre, continuamente, em você.
Sem você perceber, eu vi você com ele.

Eu o observei como se veste,
como ele é: seus cabelos, seu jeito...
Ah! Gostaria de ser ele agora,
mas sei que você não mais me ama.
Talvez, a bem da verdade, nunca me amou,
mas eu sempre te amarei.
Sinto inveja desse homem
que agora pega na sua mão, envolvendo você,
sai com você, leva você para lá e para cá.
Sei que é feio sentir o que sinto, mas sou feliz.
Eu minto que sou, porque não quero que ninguém perceba
o quanto sinto a falta de sua presença.
Mas vai passar.
Espero também encontrar alguém que me ame
tanto quanto eu amei você.

Eu sou invejosa

Quando sinto
que estou passando dos limites,
vou à igreja,
peço iluminação.

Reconheço
que a inveja
é a causadora de meus anseios,
até mesmo de dores
que sinto pelo meu corpo,
mas sou reincidente,
sempre volto a invejar.

A inveja
é altamente tóxica
para os seres humanos.

C.S.L

Sei

que é pecado,
mas
não gosto
de ver as pessoas se sentirem bem.

Nada me dá maior prazer
do que comentar seus lados negativos.
Adoro quando surge um evento
que as faz infelizes, tristes.

F.N.

Quando

minha amiga Luiza
me pergunta
qual das roupas lhe fica melhor,
eu sempre digo
aquela que fica mais feia.

Não gosto
de vê-la bonita,
por isso eu minto.

K. L. S. LAFONTINY

A inveja

leva as pessoas
à mentira, à agressão,
à violência.

Em alguns casos,
a cometerem assassinatos
ou
até mesmo suicídio.
Por essa razão,
é preciso vigiar,
vigiar nossos pensamentos,
conhecer-nos,
desenvolver nosso lado humano:
fraterno, humanizado, amoroso, atencioso.
Assim,
o risco
de ser surpreendido pela inveja
é quase nulo.

A pessoa

que inveja,
observa
e interpreta
todo o ambiente
com desgosto e negatividade.

Ver
o sorriso do próximo,
é como uma agressão na própria face,
um tormento, um incômodo.

O
ser humano

que sente inveja,
perde
a essência humana
e adquire a essência de
amargurado,
sarcástico, irônico.

Sua ironia
esconde
seu desprezo
por ver os outros
em situações que ele queria estar.

A inveja continuada
causa mau hálito.
A maioria dos invejosos sofre desse mal.
Fique atento, observe.

O invejoso

é

como um vampiro:

Suga
nossas energias
e nos deixa cansados,
exaustos, sem energias.

É melhor
ficar longe
de um ser assim invejador,
vampírico.

No meu conceito,

na maneira
que hoje vejo o mundo
e as pessoas,
o invejoso
é um ser triste,
amargurado, inseguro,
que não consegue,
por si só,
alcançar seus objetivos
e acaba invejando o que é dos outros.

É um ser humano frustrado e carente.

A.B. DE MOURA

Tenho

uma amiga
a quem não posso contar
nada de belo,
de positivo.

Para agradá-la,
falo
que estou com alguma dor,
porque
se conto a ela que estou bem,
feliz,
ela fica triste, doente.

J.L.P.N.

Quando

nos afastamos
de pensamentos negativos
e de sentimentos
como a inveja,
renascemos para vida.

M.P.L.

O invejoso

deve ser tratado,
orientado,
para poder evoluir de momento,
porque
a inveja
pode desencadear muitos males.

É melhor
procurar
ajuda
enquanto há tempo.

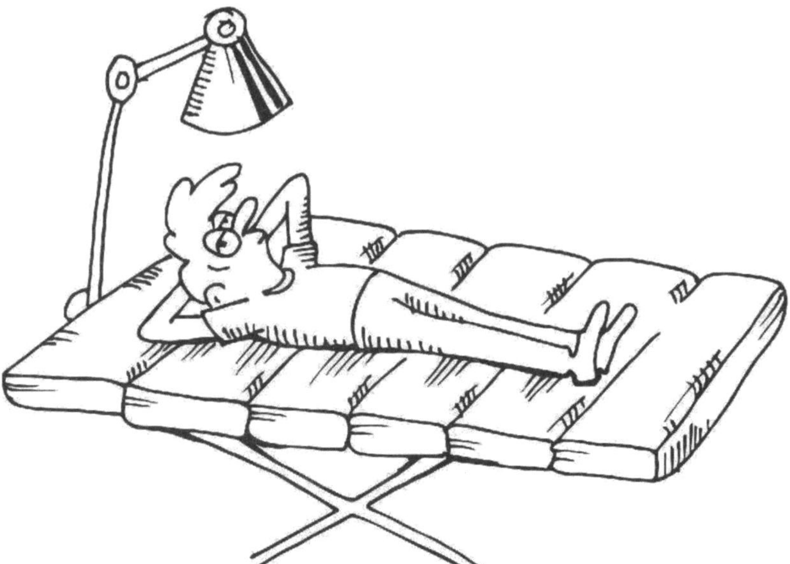

Tenho

uma amiga
que se considera
depressiva,
mas é sim
extremamente invejosa,
a ponto de ficar de cama,
ter horríveis dores de cabeça,
se ela vê
alguém de seu meio
ter sucesso.
Tenho muita pena dela.

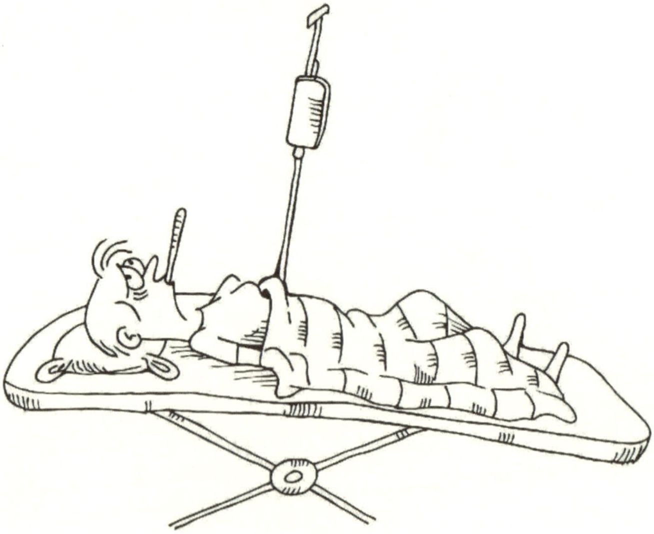

Como pode sofrer tanto
por não querer ver
os outros felizes?

L.K.P.G.

O invejoso

transmite
sensações negativas
ao invejado,
mas este
somente sente essas sensações
naquele instante,
e pronto.

Agora
imagine o invejoso:
Que vida triste
ter que conviver
com essas sensações
sempre,
porquanto
não dá para fugir de nós mesmos.

Meu nome

é Valquiria,
amo alta costura e estava muito feliz,
realizando um sonho,
frequentando um curso,
ao qual me dediquei, entregando-me de corpo e alma.
Tinha ótimas notas, evoluí muito.

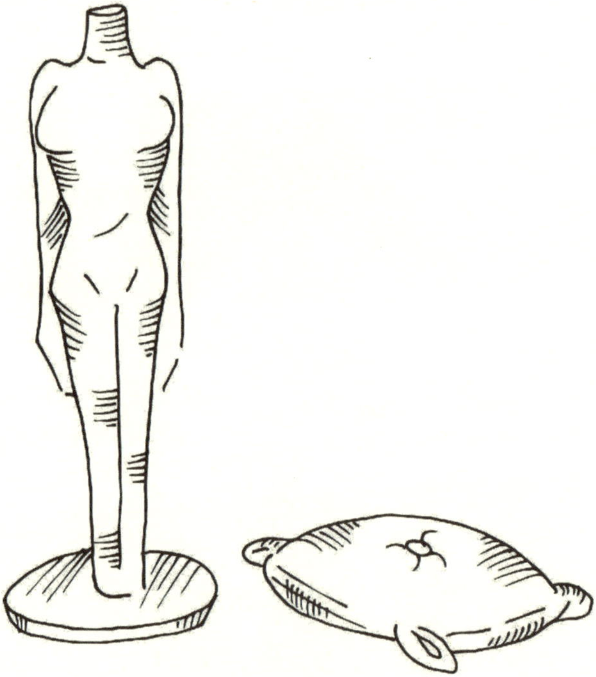

Mas uma colega,
por inveja,
começou a me perseguir,
constrangendo-me em sala de aula.
Com o passar do tempo,
percebi
que comecei a desenvolver certo pânico,

uma ansiedade desmedida,
quando chegava aquela determinada hora do curso.
Nunca me senti tão mal
dentro de um ambiente educacional.
Desisti do curso, talvez não fosse o momento,
mas nunca desistirei do meu sonho!

V.P.N.

A inveja

nada mais é
que
sentir ciúmes
da
ilusão alheia.

EWCLIDES MAXIMUS

Olhe

com bondade
e
justiça,
e seus sonhos

irão
tornar-se
reais e duradouros.

RIVAIL KLAWDIN

Seu

Universo
se expande,
à medida
que
o brilho
dos seus olhos
ilumina ao seu redor!!!

ELIZABETHE BISCARRA

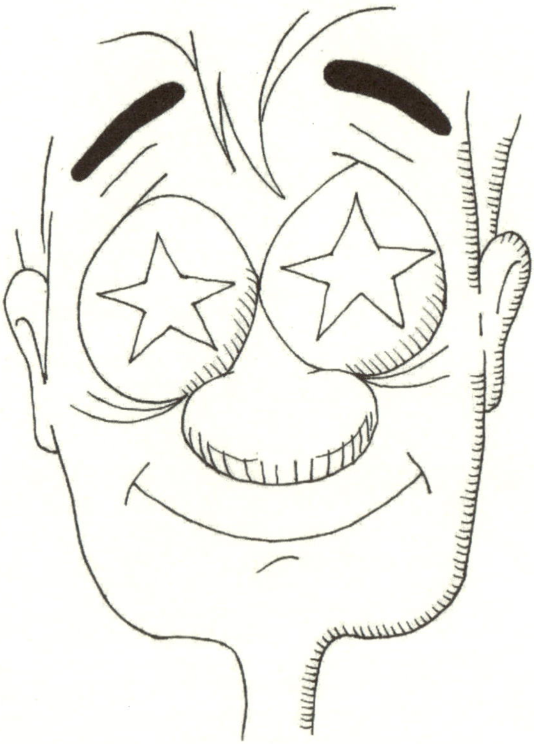

Nosso olhar

pode ser

nossa salvação

ou

nossa destruição!

ANTONY DONTRIN

Como

você
está
visualizando
o ambiente
onde
flutua
seu andar?

Por inveja,

o homem criou conchavos,
armou
armadilhas maléficas
para seus próprios semelhantes.
Destruiu famílias, vidas e sonhos.
É preciso ficar longe
desse olhar tão perigoso!
O olhar do invejoso,
ao mesmo tempo penso,
não será o contrário.
O invejoso
precisa
de ajuda
para se livrar
desse sentimento tão devastador!

A aliança

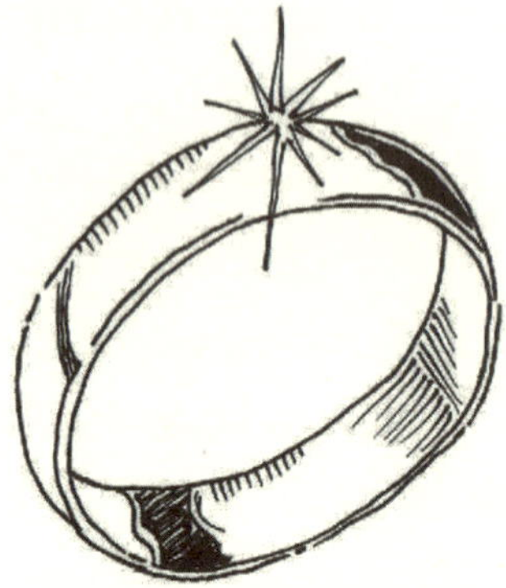

com o bem,
a aliança com a natureza,
a aliança com as boas almas,
a aliança com nossa própria existência,
nos reafirma com Deus,
tornando-nos
triunfo de Suas obras,
afastando-nos
de sentimentos fúteis e desoladores.

O sentimento

de inveja
corrompe
nosso propósito neste mundo:
nascer, viver e ser feliz.

Não acredito
que exista
um único invejoso
na Terra
que seja feliz.
Todos,
no fundo,
são amargurados,
tristes e frustrados.

A inveja não é coisa de agora.

Inclusive

a Bíblia

traz momentos tristes:

Caim

matou Abel por inveja.

(*CONTOS* BÍBLICOS)

Os invejosos,

com o passar do tempo,
tornam-se sombrios,
distantes,
isolados dos demais.

Quando
nos aproximamos deles,
parece que exalam um
cheiro estranho,
que antecipadamente nos
alerta:
este é um invejoso.

A beleza,

o carisma,

o talento e o sucesso

são,

geralmente,

alvos certos

dos

invejosos.

Ciúme - Inveja

No sentir humano,
qual será que veio primeiro:
o ciúme
ou
a inveja?

Será

a inveja

uma

carga explosiva

de ciúmes?

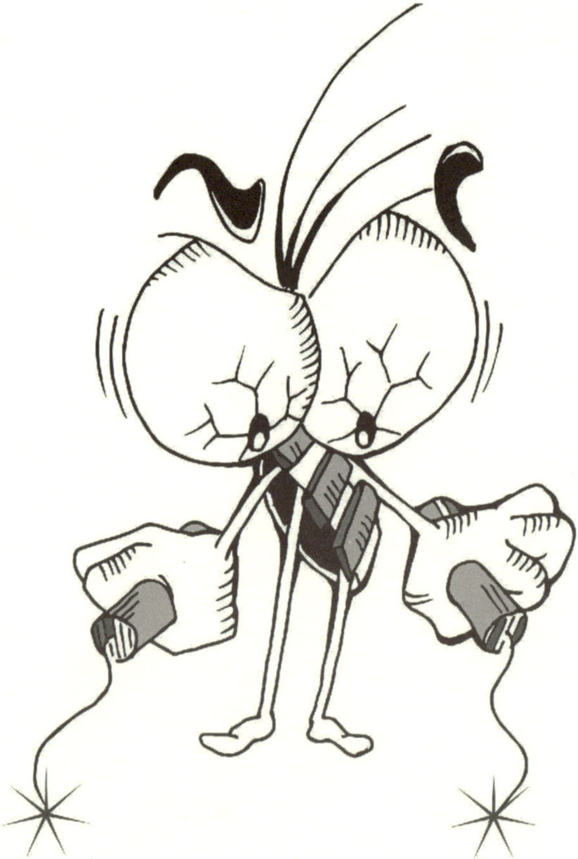

A fronteira

entre

o bem e o mal

é quase invisível.

É preciso ficar ***atento.***

Quando

o segundo homem
surgiu na Terra,
veio
o ato de comparar.

Na comparação,
nasceu o ***ciúme,***
e a ***inveja***
foi estudando o terreno,
observando
onde poderia crescer
mais rápido e forte.

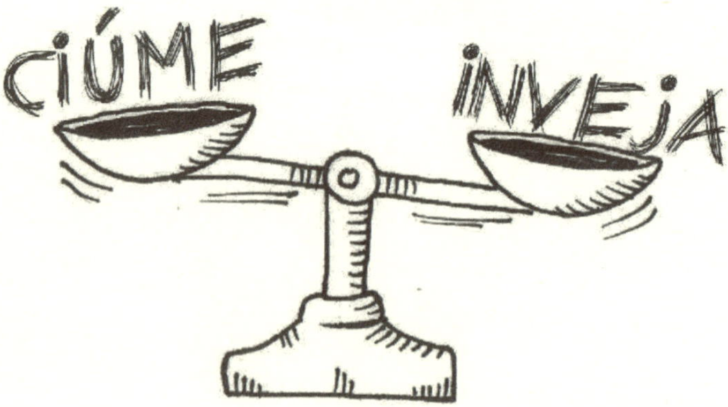

Todos

nós, seres humanos,
somos criados
a partir de energia, água, luz – partículas invisíveis
que vão tomando formas em estruturas mais compactas.
Essas partículas
precisam ser alimentadas, regadas, cuidadas.
Quando
nos afastamos de nossa origem,
a energia, a luz, tudo vai se dissolvendo,
desfazendo-se até se perder.
A energia vai se descarregando,
até tornar tudo sem luz, repleto de escuridão,
e permanecerá assim,
se nós não voltarmos a nos conectar
com nossos princípios energéticos.
Sem essa nova conexão,
tudo vira caos,
e buracos negros vão surgindo em nosso interior,
sugando nossas almas.

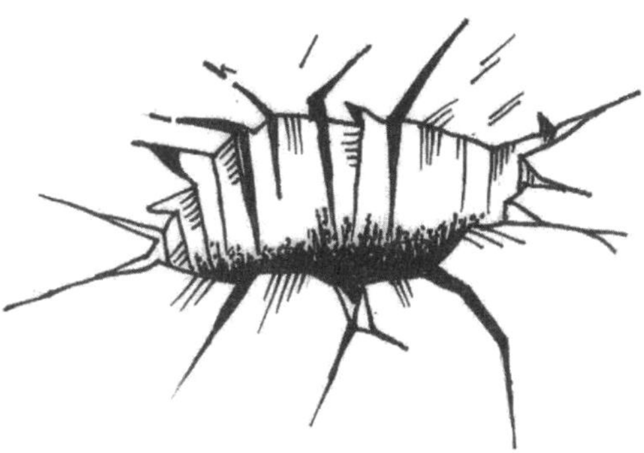

Sem

o estimular interno de nossas almas, espíritos,
as matérias também se perdem;
tudo que tiver um sopro de movimento.
Seguindo esse princípio, não devemos jamais parar.
A Lei é movimentar-se, ocupar-se,
construir
novas ligações energéticas.
É tanto assim que,
no Universo,
ao praticar ações,
as reações dinâmicas são infinitas,
e as transformações acontecem
intensamente, freneticamente,
com a mudança das formas geométricas,
os cálculos dos movimentos...

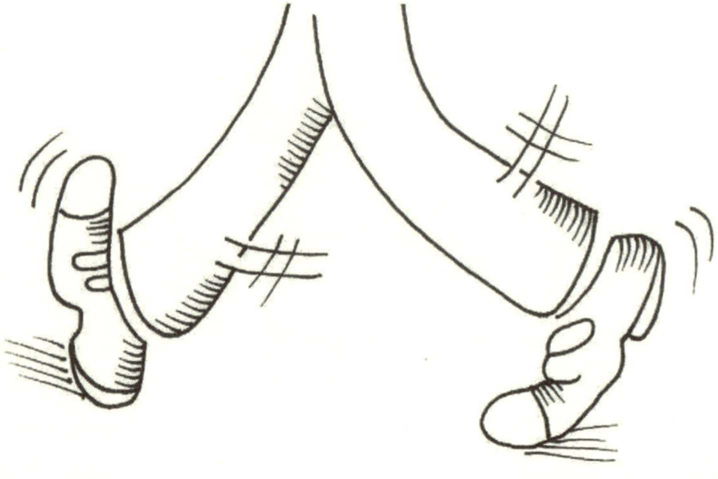

A expansão do criar

deve seguir...

Assim como o Universo,
nunca podemos parar, jamais nos abater...

O movimento em nossas vidas
deve prosseguir continuamente...

Amanhã
é,
e sempre será,
um novo dia, uma nova oportunidade.

Não permita

que a obscuridade
dos sentimentos raivosos, negativos,
tomem conta de você.

Vá, mexa-se, encontre-se!
Reconstrua
tuas estruturas ativas,
veja
do que você é capaz.

Não precisa,
em hipótese alguma,
sentir inveja de alguém!

Você é
extremamente especial,
um ser completo, repleto de possibilidades!

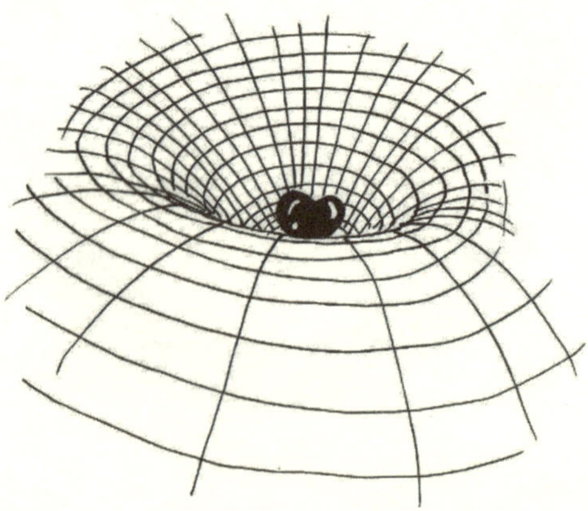

Todos nós

somos compostos
dos mesmos elementos capacitadores,
construtores de eventos e ações.
Projete
o teu caminho,
construa o teu castelo...!

Mas um castelo
com o teu nome e assinatura!
Agora,
se quer simplesmente ficar
como está,
tudo bem, tudo ok!
Nenhum humano
é cópia de outro humano.
Todos nós somos únicos, não copiáveis, não clonáveis.
Portanto, seja você, assuma você, case-se com você.
Jamais alguém terá o poder de abalar essa relação.
Somente se você permitir.

Quando

sentimos inveja,
cortamos
a conexão com nós mesmos,
e vivemos
um refletir de outros,
mas com potências negativas.

Sendo assim,
é impossível
que algo de bom chegue até nós.

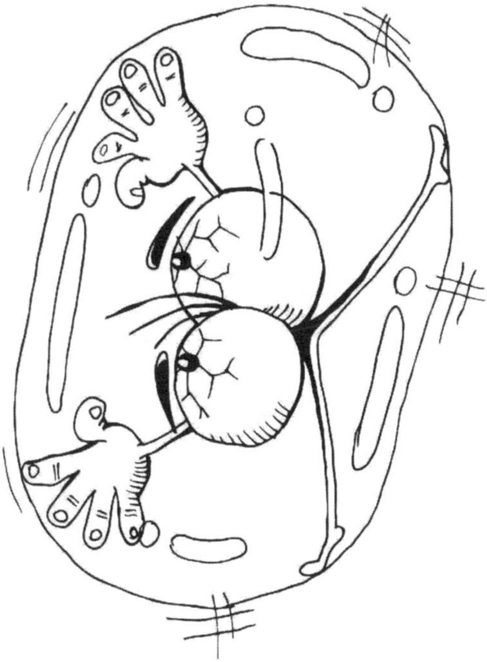

Invejoso, pare de invejar!

É para o teu bem, tua felicidade.
Volte-se para teu interior!
Descubra um turismo agradável, um passeio majestoso...
Não perca o teu tempo.
Descubra-se...!
Explore o teu potencial!

Quando

conseguimos
enxergar
que o infinito das coisas
mora dentro de nós mesmos,
também enxergamos
que o mercador
da nossa grande beleza
e maior felicidade
sempre esteve
e sempre fez parte do nosso ser.
E nos damos conta de
que muitas coisas
ficaram perdidas,
sem poderem,
em seu devido tempo,
ser bem mais aproveitadas.

O bom de tudo

é
que sempre há tempo,
quando despertamos
com a alma cheia de esperança.

A esperança
é a "chave"
que nos liberta,
aqui e agora,
nesse movimentar
do presente encantador e infinito.

A inveja

não tem
nada a oferecer.

Apenas
atos egoístas, tendenciosos
e muita falsidade.

ANTONY B.M.

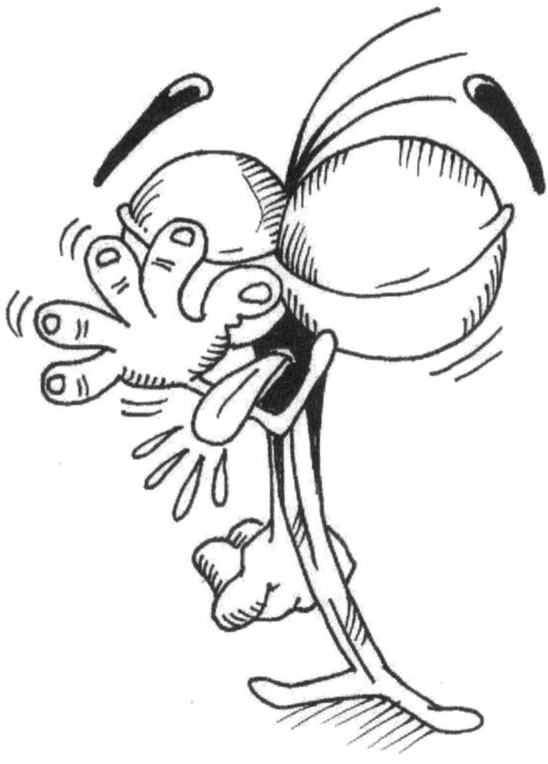

Não acredito

que exista
um só ser humano,
em sua sã consciência,
que pratique
atos invejosos.

MARIA F.B.

Superar os medos

é *essencial*

para deixar de ser invejoso.

(PARAPSICÓLOGO MATHEUS R.D.)

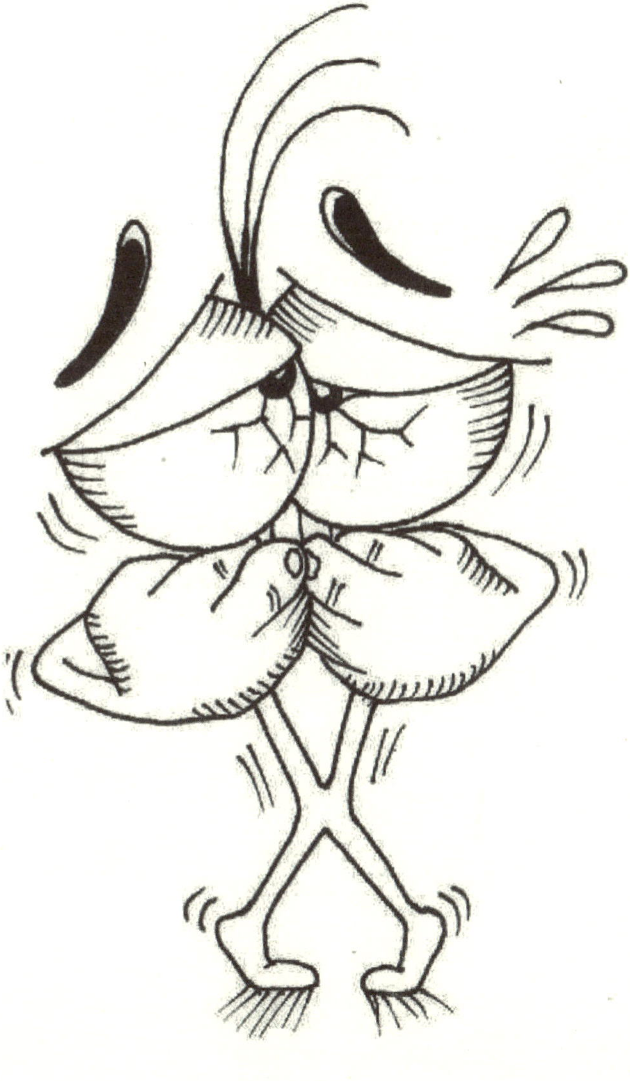

O medo

afasta as pessoas de seus sonhos.
Por medo, muitos talentos são perdidos.
É o medo
de enfrentar desafios, medo de decepcionar-se,
simplesmente o medo do que pode acontecer no futuro.
O medo atrasa os seres humanos.
E cada vez mais
vamos nos distanciando
dos nossos objetivos,
até que nos tornamos os opostos
do que realmente gostaríamos de ser.

Vemos
as outras pessoas
realizando
aquilo que temos a certeza
de que faríamos melhor,
e ainda presenciamos essas pessoas terem sucesso.
E desta forma
vem a frustração, carregada de ciúmes e inveja.

Devemos lembrar:

por mais que aquela pessoa invejada
não seja tão capacitada naquilo que faz,
ela teve persistência,
não teve receios, muito menos medo.
Ela se superou,
e realmente é merecedora do que conquistou,
de onde está.
O medo
nos torna presas fáceis
do desânimo, da preguiça, e por fim da inveja.
Deixar
o medo controlar nossas vidas
é tudo que jamais podemos fazer,
porque perdemos nosso próprio sentido de viver.

Por que

os invejosos
somente
criticam...
e criticam?

Eu tinha

uma amiga chamada Lady,
que quando via uma atriz da sua idade (50 anos) na TV,
logo dizia:
Ah! Que nojo...! Que ridícula ficou essa mulher,
que plástica malfeita, ficou horrível!
Viu,
eu prefiro o natural,
por isso jamais vou fazer plástica...
E quando saíamos
e encontrávamos uma amiga na rua, pronto!
Lady comentava – com nojo, raiva e desprezo:
Viu, ela fez plástica, que feio ficou,
meu Deus, como aquela mulher ficou horrorosa!
Certo dia, sua tia de 97 anos faleceu – ela não teve filhos –,
e Lady e sua prima eram as herdeiras legais,
receberam uma boa grana.
Adivinhem
qual foi a primeira coisa que a
Lady fez? ***Uma plástica!***
Suas críticas maliciosas
eram pura inveja!
Inveja!

Geralmente,

criticamos
aquilo que, lá no fundo, nos atrai.
É plausível,
porque geralmente comentamos
sobre assuntos que achamos interessantes,
que nos chamam a atenção.
De outra forma,
por que perderíamos tempo com determinados temas?
Bem,
não importando se são comentários positivos ou negativos,
é como já sabemos:
O ódio é apenas o amor que adoeceu,
ou seja,
o amor e o ódio andam de mãos dadas.
Somente uma pequena linha invisível os divide.

A inveja

é
um olhar
desmedido
de cobiça
em cima daquilo
que já pertence a outros.

SUELY FURKEC

Tudo

me causa grande inveja.
Como posso ser forte,
quando desejo alcançar
o que os outros alcançam com tanta facilidade?
Sou fraco, ingênuo, tímido,
sempre me ponho nervoso diante das situações.
Minha inveja
não é desejar o que a outros já pertence,
mas sim participar, como eles, do mundo em que vivo.
Sinto-me isolado,
pois nada flui, nada desenvolve,
pareço um alienígena e não um ser humano.
Sinto
que meus pensamentos
são extremamente negativos.

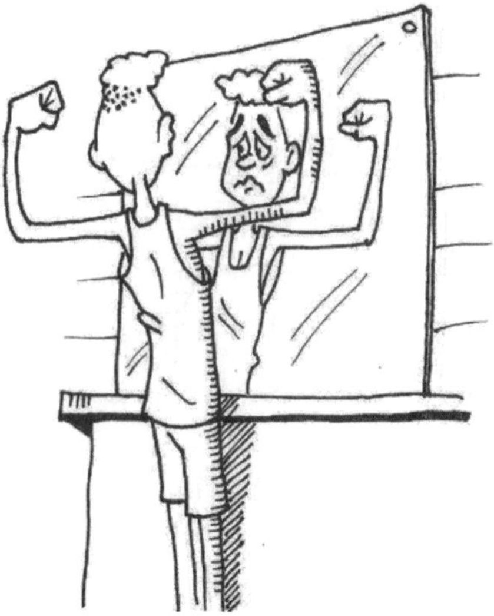

Preciso fugir,

preciso me libertar.
Minha vida
assim não vai para frente,
estou estagnado, estou infeliz,
não consigo ver nada com clareza.
As pessoas que conheço
parecem estar em outra dimensão,
não na mesma que a minha.
Tudo está se esfacelando...
Pensei
que era o meu visual,
então mudei,
investi em um novo guarda-roupas,
modifiquei o corte dos meus cabelos,
mas de nada tudo isso adiantou.

Tenho

um amigo chamado Fábio.
Ele tem energia, paixão no olhar.
É assim, com essa paixão no olhar,
que ele toca tudo, que ele vive.
Mas vive de verdade,
e quando fala, ele mostra que existe.
Dá para sentir
o brilho de sua alma através dos seus olhos.
Retorno para mim, e o que vejo:
Nada, não tenho esse brilho, essa energia, essa aura.
Cheio de trevas ao meu redor, estou desesperado.
Vejo todos felizes,
ocupando-se com suas missões,
fazendo os seus papéis no viver terreno,
e eu, o que sou?
Que papel ocupo? Qual é a minha missão?
O que estou fazendo com a minha vida?
Nada, nada.
Participo do mundo das coisas
inexistentes,
sem missão, sem uma meta para
cumprir.
Fui despedido, posto para fora
da grande e inigualável empresa
chamada Terra.

Na

maioria das vezes,
o invejoso
não inveja por maldade ou má intenção.

Inveja
por não se achar, por não se perceber
como parte do meio em que vive.

Ele observa os demais
e tira suas conclusões superficialmente,
acreditando que todos são totalmente felizes, realizados;
o invejoso
encontra-se sem essa felicidade aparente,
concluindo
que apenas ele é infeliz
e sem utilidade para a vida
não realizada.

Todos nós,

seres humanos,

nascemos para felicidade,

mas,

antes de tudo,

precisamos observar,

conhecer a nós mesmos.

ELIZABETHE BISCARRA

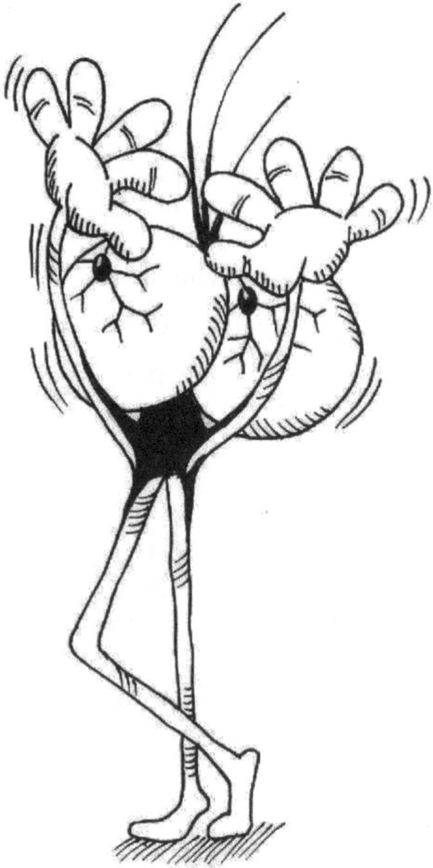

Como fazer
para conquistar nossas próprias realizações?

Primeiramente,
não devemos nos focar tanto nos demais,
no que as outras pessoas fazem ou deixam de fazer.
Quando praticamos o nós, o nosso interior,
vamos conhecendo melhor nossos valores,
descobrindo nossas qualidades,
praticando o nosso querer,
e quando nos damos conta,
nosso desenvolvimento pessoal fluiu.
Com esse desenvolvimento,
realizamos inúmeras possibilidades,

inserindo-nos com os demais,
conscientizando-nos de que nossa vida é essencial para o bom
movimentar da vida no mundo inteiro.
Que somos peças-chave para manutenção da máquina Univer-
so, e desejando que o nosso próximo tenha mais e mais sucesso,
para o evoluir da máquina de que nós também usufruímos.
E assim se faz
toda a energia realizadora, afastadora de invejosos
do tão belo e de intenso azul planeta Terra.
O planeta milagroso, construtor de mentes perfeitas.
Nossa Terra é um paraíso
que os olhos doentes querem possuir,
mas só é visto e aproveitado por olhos sadios.

Quando

nascemos,
nossos olhos, nossa visão, são puros.
Com o passar do tempo,
à medida que crescemos,
eles vão se corrompendo, através de hábitos sujos, insanos,
e, por consequência,
paramos de trabalhar com os nossos verdadeiros olhos,
perdendo a capacidade
de ter uma visão real e absoluta das coisas.
Ficamos com uma visão distorcida,
não profunda e muito menos ampla.
A cada minuto que passa,
enxergamos menos com nossa essência,
enxergando mais
o que é artificial e fragmentado,
isto é, começamos a adormecer para o absoluto
e acordar para o não verdadeiro,
acordar para a ilusão.

Então,

sem perceber,
trocamos o ouro pela lata,
sendo apenas uma parte superficial
de algo que não temos mais o amplo,
o profundo.
Dessa maneira,
dentro dessa pequena e limitada visão,
começamos a sentir-nos incapazes, inseguros, incorretos,
esquecendo que somos parte
de um Universo fantástico e criativo,
sem nos recordarmos de
quem verdadeiramente
somos, e interpretando
falsamente
que o que os demais possuem
é sempre melhor e mais valioso
do que aquilo que nós possuímos.
E assim
desenvolvemos aquela certa inveja
dos bens materiais e dos bens
imateriais dos demais,
de nossos próximos.

Essa

visão errônea, falha,
mostra-nos o que poderia ser nosso,
e não do outro;
como se não tivéssemos sorte, fôssemos inferiores,
que não fôssemos merecedores, determinados,
que não somos fortes.
Como não mais nos recordamos do nosso poder,
muito menos possuímos nossa visão real e absoluta,
vivemos no automático,
e na maioria das vezes
nem pensamos, muito menos refletimos.

Somos dominados pela nossa mente artificial,
obedecendo, sem questionar,
às sugestões impostas por ela,
que na verdade se baseiam em informações leves,
sem fundamentações, muito menos profundas,
e assim vamos obedecendo,
aceitando as falsas crenças mentais.
Acreditamos não sermos capazes
de alcançar nossos objetivos por nós mesmos,
por meio dos nossos próprios méritos
e das capacidades que temos,
indiferente de etnias, credos ou territórios de onde viemos.

Para livrar-se

desses fluidos negativos de inveja,
dirija-se para um lugar público,
como por exemplo uma praça de alimentação, um parque,
ou qualquer lugar que preferir
onde exista muita gente, seres humanos.
Enfim,
procure um espaço confortável para você,
respire fundo,
e diga a si mesmo o quanto você é especial,
que tem um lugar nesse mundo que é só teu,
podendo, sim, conquistar o que desejar.
Logo após essa mentalização interna,
relaxe tua face,teus músculos,
visualizando todas as pessoas em tua
volta com amor,
e desejando a elas:
paz, conquistas, carinho, saúde.
Encha teu espírito de caridade e luz.
Mentalmente abrace todos os teus
irmãos do planeta Terra,

peça perdão por ter algum dia invejado, cobiçado outrem.
Ilumine com energias positivas teus amigos, familiares,
e diga, mentalmente, o quanto ama o Universo,
Deus, toda fonte geradora de luz e vida.

Assim

você é batizado,
renascendo para uma nova vida,
com nova face,
com uma nova mente.
E essa nova mente
estará, então,
conectada
com a Mente que tudo cria,
tudo faz, tudo transforma.
Sua vida
irá iluminar-se
e a felicidade te abraçará.

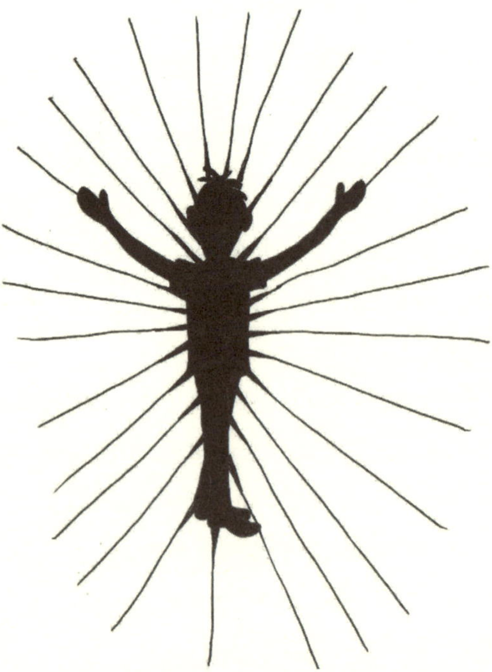

Quando

nos conectamos
com a boa energia
do bem-querer,
percebemos, conscientemente,
que ela atua
em nossas vidas
e que só depende de nós mesmos
e de como nossos olhos
interpretam nosso redor.

A fonte

do ***amor verdadeiro***
é tão poderosa,
que nela
não existe espaço
para nenhuma espécie
de energia visual negativa.

HERBERT DECKER

Quem

ama sua origem,
seu nascer humano,
nunca sentirá inveja por ver seu próximo feliz.

Sentirá orgulho
de ver seu planeta progredir,
porque o verdadeiro humano
não vê com os olhos da individualidade;
vê com os olhos da coletividade,
conscientizando-se de que tudo faz parte do todo,
e que o todo
faz parte do tudo.

Nós, humanos do planeta azul,
somos uma grande equipe.

Energia

Somos
simplesmente energia,
é a energia
que tudo rege.

Falando em energia, como vai a sua?

Positiva, negativa
ou
talvez neutra?

Tudo,

realmente tudo
o que vier a te acontecer
deste momento em diante,
dependerá
de como você está processando
suas energias
em relação a si mesmo
e ao seu próximo.

A

face dela iluminou-se,
agora
sua pele brilha
como as estrelas.

Toda aquela escuridão
que a cercava
foi iluminada,
pois Luiza conheceu a luz da visão,
e não mais as trevas
do querer mal e criticar os demais.

Hoje,
Luiza é uma nova mulher,
deixou cair a face impostora
da inveja,
que cultivava por ignorância,
pois não conhecia a face doado-
ra de luz,
que só faz o bem, trazendo
prosperidade e bem-estar.

A inveja

corrompe o homem,
destrói vidas,
traz o caos e a insanidade,
escraviza e invade almas e espíritos
com o mofo do mal querer,
que só mostra uma direção,
levando a um único caminho,
o caminho das trevas,
dos vampiros sugadores
de energias de vidas.

Invejosos!

Tenham
compaixão
de
vossas próprias almas.

Libertem-se do mau olhar.

PE. OSWALD P.M.R.

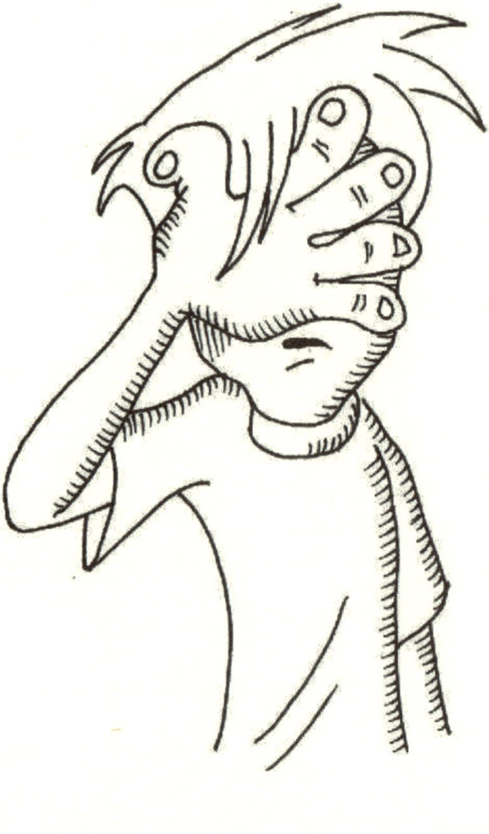

Fomos gerados

a partir
do útero estelar.

Assim sendo,
nossa composição
é essencialmente energia.

Olhando
por esse lado,
todos os nossos movimentos
são fragmentos energéticos.

Na verdade,
somos líquidos, fluidos
que liberam energias
o tempo todo.

Já pensou

no tamanho
do poder do teu olhar,
do teu pensar, do teu misturar?

Nosso
pó energético estelar
é
o grande formulador,
construtor de nossas vidas.

É preciso
cuidado,
extremo cuidado,
ao manipular
nossas próprias energias,
para não transformarmos nossas vidas
numa bomba atômica,
com nossa explosão nuclear.

O indivíduo

que
sente inveja
ainda
está vivendo
seu estado espiritual
superficial.

HERBERT N.P.

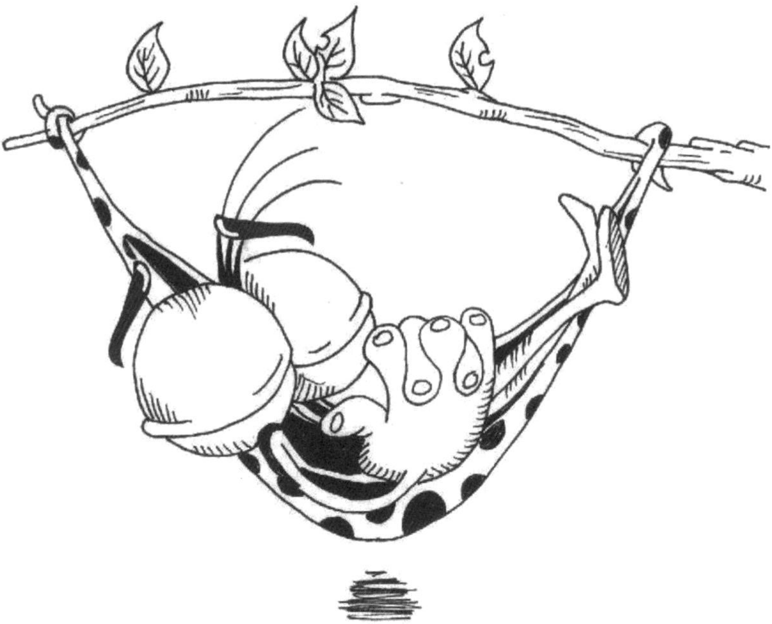

A inveja

é
um poder abstrato
de um olhar distorcido.

HILDA K.E.

Seja

bondoso,
expandindo
o brilho
de tua aura.

A
tua aura
é
a mais eficaz
proteção
contra o faminto
***olho gordo*.**

WILKINA M.L.

Documento secreto

ENVIADO PELAS ESTRELAS MÃES
AOS SEUS FILHOS ESTELARES

Na Dimensão Terra

Amados,
é preciso lembrá-los de algumas valiosas recomendações.

Primeiramente,
é de suma importância
manter vossos olhos limpos e higienizados.
A melhor forma de higienização
para manter a saúde visual perfeita
é sempre estar em contato,
visualizando o céu,
de preferência à noite – é nesse momento que acontece
nossa comunicação
com maior facilidade e clareza.
Olhando para o céu,
automaticamente vossos olhos são limpos,
e ainda mais:
vossas peles tornam-se mais macias,
pois, em vossas faces existem micropartículas
receptoras de nossas energias;
ao serem iluminadas por nossas luzes, são revitalizadas,
justamente porque, quando vossas faces são direcionadas para cima, em posição estelar, o nosso magnetismo, sendo universal, fortalece vossa essência, vossas moléculas.

Filhos,

existem póntos sensoriais
em diversas partes de vossos corpos,
através dos quais
enviamos energias capacitadoras,
regeneradores essenciais para
o processo,
nas evoluções construtivas humanas
estelares.
Somos formadas
pelos mesmos fluidos energéticos
vindos diretamente da fonte que tudo gera,
onde tudo flui numa harmonia cósmica
fantástica,
calculada geneticamente, quanticamente,
para fins maiores – além do máximo
inimaginável.
Nós, constelações energéticas,
como mães e úteros de vossa dimensão,
alertamos:
Não se fechem para o nosso relacionamento,
não se escravizem em falsas crenças.
Libertem-se, notáveis e amáveis filhos!

Visitem-nos
frequentemente!

Também nós precisamos, e muito, de vossos afetos.
Não nascemos para ficar distanciados.
Esse amor
é extremamente necessário para nossas vidas,
tanto na Terra como nos céus.
Nossas energias
devem e precisam ser misturadas,
semeadas em solos férteis.
Permitam-nos o contato frequente,
pois é assim que nossos filhos devem crescer:
informados
de sua real e nobre importância.

Somos

naturais,
somos metais, somos terras.

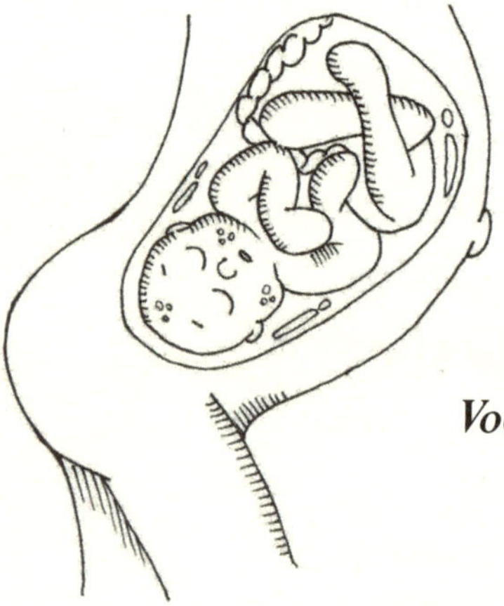

O Tudo
faz de nós mães e filhos,
nosso fogo, nosso calor, nosso
brilho
e nossa manutenção
da espécie VIDA.
Vocês foram gerados dentro de
nosso Ventre.
No princípio,
eram como um pequeno grãozinho.
Através do tempo, esse grãozinho ganhou o
Sopro Vital,
e, como pequenos pontos brilhantes,
a luz iluminou vossos olhos.
Aí passaram a existir,
tornando-se os maiores observadores naturais.

Jamais permitam

que essa visão,
tão rica em energia,
conheça a escuridão,
porque,
quando vossos olhos se escurecem,
não conseguimos mais captá-los,
e nosso choro de Mãe
atravessará o Universo num grito sofrido,
que fará o Pai sentir nossa dor,
pois tudo, exatamente tudo,
nasce Dele e a Ele retorna.

A mensagem

é manter vossos olhos
na luz do bem,
amando,
compreendendo uns aos outros
como uma grande família que somos.
Precisamos de calor, união,
é necessário andarmos brilhantemente
com nossas faces esperançosas.
Nunca esqueçam:
Estamos de braços abertos,
inclinem a cabeça para cima
e digam o que precisam – não
leva nem um minuto.
Somos mães zelosas,
cuidando bem de nosso berçário,
mas é preciso o contato,
a conexão, o olhar puro,
o magnetismo estelar
que no vosso DNA
existe de sobra.

Olhem-nos,

inclinem-se para cima,
alcancem os céus!
Queremos compartilhar,
temos um amor quentinho, fraterno,
para vos dar.
A Terra,
filhos,
é nosso pomar,
semeado com muita dedicação
e incansável olhar.
Jamais deixamos nossos filhos sem luz,
para que sempre possam colher boas novas,
saboreando o bem, o bom andar.

A vocês,

filhotes,
demos nossas características,
nossa genética,
nosso brilhar.
Intensa é a força
e o Poder
que existe em vosso núcleo estelar.
Sim, vocês são uma estrela!
Sim, vocês crescerão
e herdarão o espaço inteiro para habitar,
só que para isso é preciso calor,
calor nuclear, calor que é intenso,
quando alma e espírito
se unem.

A favor

do amor,
do bom e limpo majestoso olhar,
vossos olhos
são a verdade de vossa alma,
que são o alimentar de vossa vida estelar.
Floresçam,
meus filhos,
conscientemente fortalecidos
dentro de vossos ***elementos primordiais*** do bem,
do positivo,
do olho higienizado e cristalino.
Vossos olhos
são diariamente diluídos
no centro amoroso do Pai.
Sim,
vocês sabem,
conheceram
o grande amor uterino que vocês tem.
Em breve,
no próximo contato,
falaremos do ***Amor do Pai***.

Há uma última recomendação:

Alimentem-se bem,
captando bons arquivos.
Esses arquivos,
que têm origem em nós, mães estelares,
serão vossas lembranças,
e vossas lembranças
são vossas bases construtivas de sucesso
na vida na Terra,
fonte de iluminação estelar humana.

Ah! Quase esqueci:
Nunca esqueçam de continuar sempre,
nunca percam totalmente vosso lado criança.
Essa criança,
é a fonte de ligação eterna com o Pai,
que existe e sempre existirá,
unicamente por vocês,
filhotes!